魔法少女山本美月

Mizuki the Magical Girl

はじめに

女の子なら、幼い頃に一度はあこがれる〝魔法少女〟。
空を飛びたい、変身してみたい、そんな子どもの頃の夢をそのまま形にしてみました。

こだわりのツインテールで、魔法のステッキを抱えた〝魔法少女 山本美月〟は
私の大好きなものをギュッと詰め込んだ、まさしく理想の集合体です。

私は二次創作じゃなくて、原作になりたい。
唯一無二のキャラクターを生み出したくて、
コミックでは絵やストーリーまですべてを自分で作り、
写真では衣装から髪型、小物までこだわり抜きました。

この本で、魔法少女にあこがれていたあの頃を思い出してもらえたらと思います。

また、今好きなものを好きと大声で言えず悩んでいる人にとって、
この本が少しでも勇気を出すきっかけになってくれたら嬉しいです。

山本美月

目次

あたし、まほーしょーじょになる!!!
なれるよ!
パパ
美月なら!!
そうねえ♡
ママ
私、魔法少女になる!!!
パパ
ママ
・・・。

さぁ！
みづきちゃん!!
変身するのよ!!
ハッ
ハッ
ハッ
ハッ
どこかから助けを
求める声が
聞こえるわ!!
…なーんて。
こつめが話し出したら
いいのに
くる
くる
ハッ
ハッ
ハッ
ハッ
ハッ
いつも決まって時計回りなのだ
小さい頃から私はずっと魔法少女にあこがれている。

作 山本美月

魔法少女
になりたい
みつき

キャ〜〜!!
助けて!!!
ザッ
ここは私に任せて!
みんな逃げて!!
でっでも…
血が…
いいから!!

この命にかえても
キラ
守ってみせる
魔法少女美月…
キラン
フワッ
だめよ！
美月!!
その呪文は!!

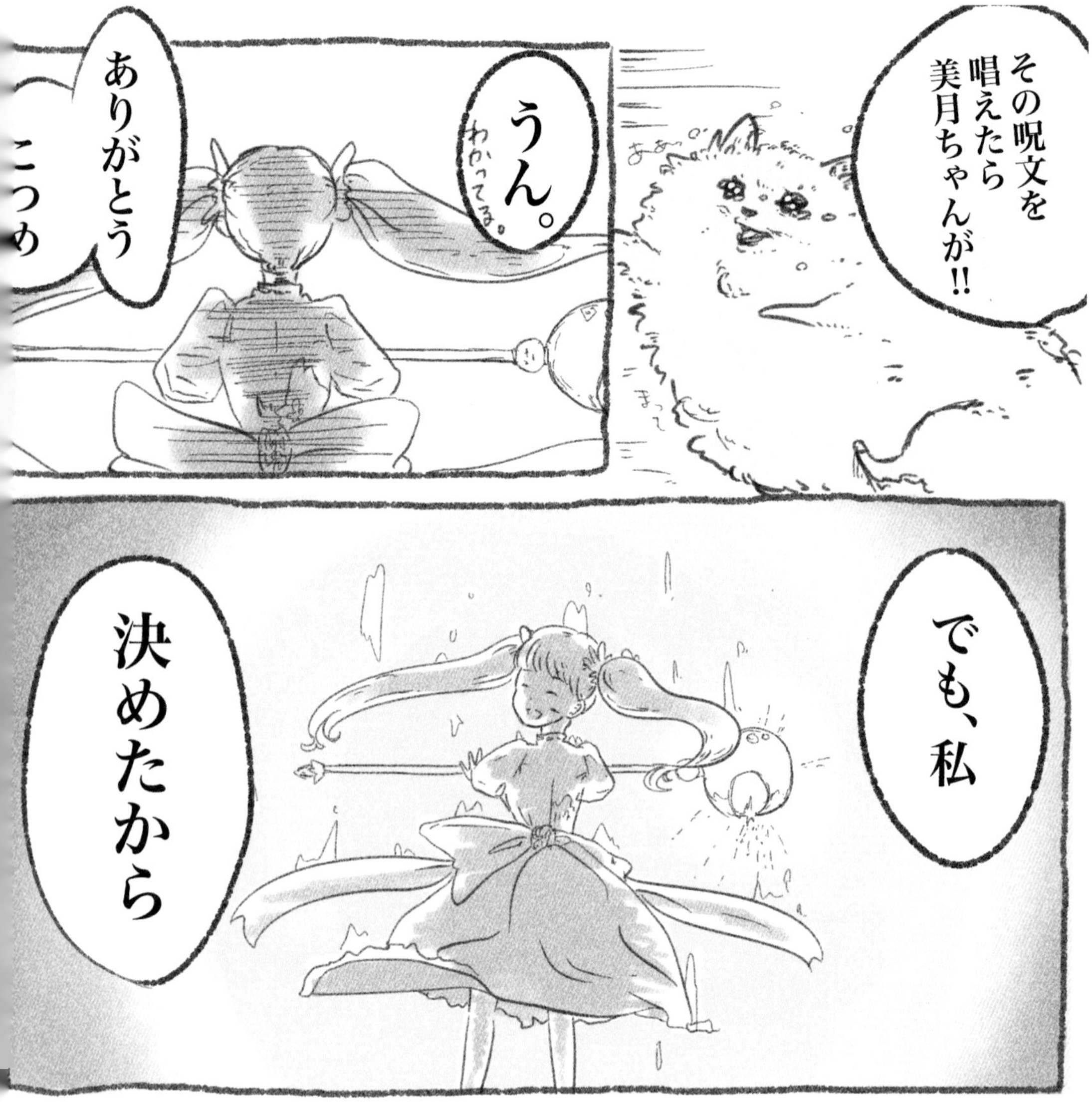

じゃあね。

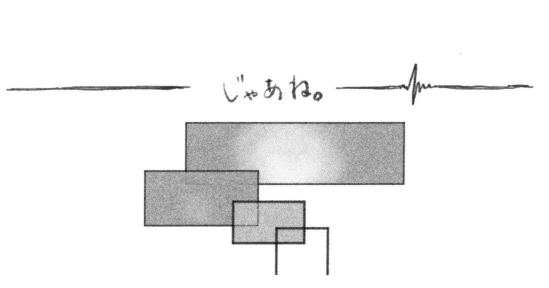

ハッ
ハッ
ハッ
ハッ
ハッ
ハッ
ハッ
まーて
ーよーー
よし!!
さっ
はじめまして！
私、みづき☆このふわふわは、犬のこつめ！
幼い頃から魔法少女にあこがれていた私は…。
行くか！
持ち前の身長を活かし…

モデルの仕事をしている。
夏は冬服、冬は夏服。結構過酷なのだ。
そして、
バサッ
トン
演じる事が好きだった私は…
はい、次の台本。
女優業もはじめた。
むしろ最近はこっちの方が多いかも。

ただいまー
ハッ
ハッ
ハッ
ハッ
ピ
はあ〜
あ
ボフッ
ハッ ハッ ハッ
ハッ
魔法少女!! 参上!!
みんなの力を合わせるの〜!!

ハッ
ハッ
ハッ
ハッ
ハッ
ハッ
ハッ
ハッ
ハッ
あー魔法少女になれたらなぁ。
え、なる？

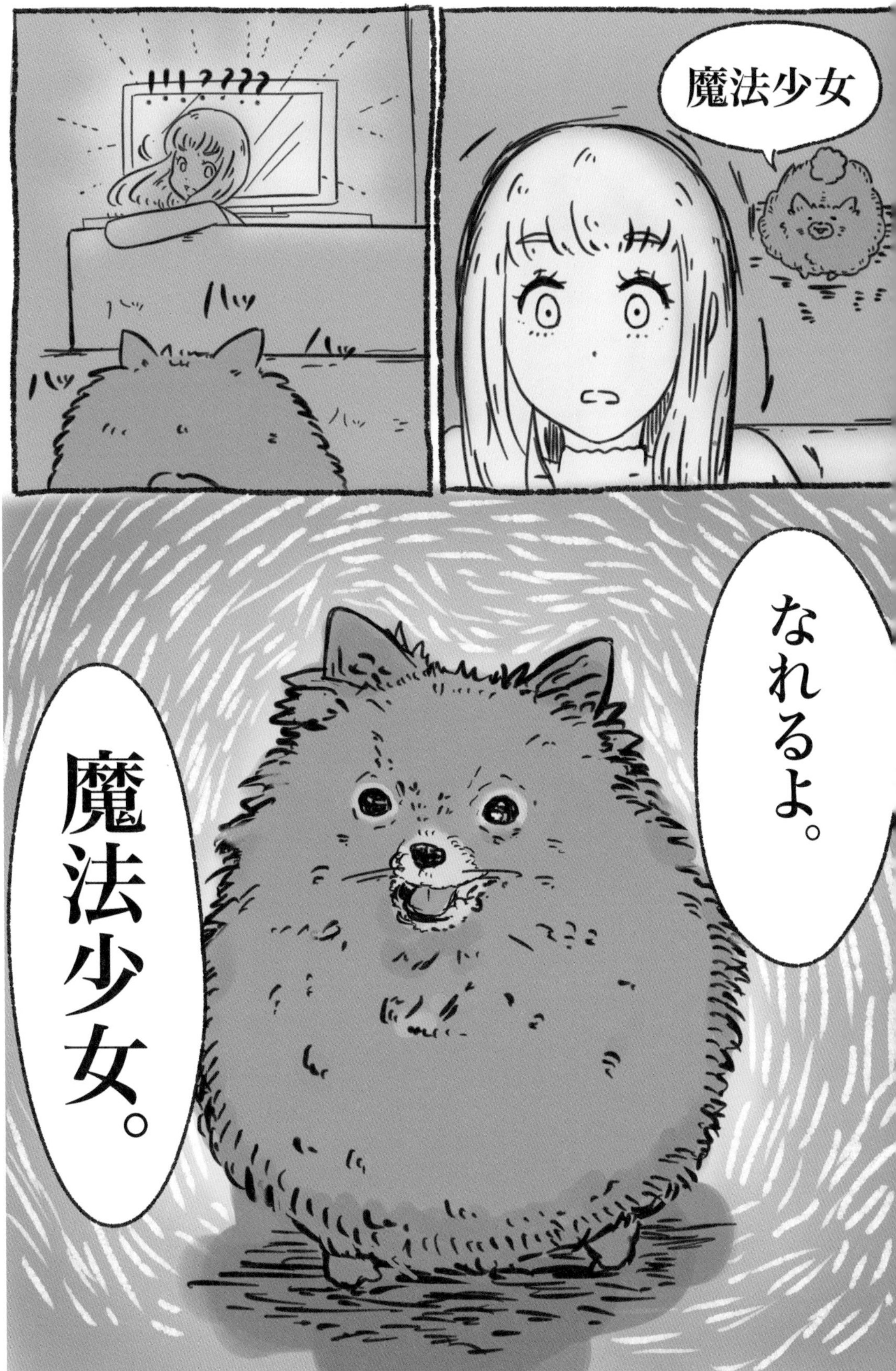
魔法少女
!!!?????
ハッ
ハッ
ハッ
ハッ
ハッ
なれるよ。
魔法少女。

なれるの!?
えぇ。
わたしが
ほうしょうじょ
わぁぁーい
ふ
ふ

ねえ、
こつめ？
？
なにかしら？
私ね、
魔法少女になって、
よかったって思ってるの。
この力で人を幸せにすることができる。
守ることができる。
人の心を動かすことができる。

そうね
でもね、
時々
虚しくなるの
魔法少女美月は
人の心を動かすことができる。
でも、私は？
私自身にその力はない。
魔法少女じゃない私は何なの？って。

そんなっ。美月ちゃんはとってもステキよ!!
どっちのあなたもあなた自身なんだから!!
そう…なんだけどね…
ねえ!!!
ねえ!!!
どう!?
コラめ!!!
ツインテール!!やっぱ!
だよね
あっ
ねえ!!
ねえ、みづきちゃん
ひとつお願いがあるの。
あ、うん。すごくお似合いだと思うわ。

魔法少女になっても
人助けをしないでちょうだい。
なんで？
？
今は その時じゃ ないから
ん〜〜〜〜〜〜〜〜〜〜
よく分からんけど
分かった!!

じゃあ、行くわよ。
うん。

わわわわ〜!!
魔法少女みき
これであなたは魔法少女。好きに魔法を使うといいわ。

どんな魔法つかおっかなー♡
みづき、仕事の時間よ。
ふわり
おっとそだった
はいっ台本。
さんきゅ
じゃー行ってきまーす♪
ええ。
あの子ったら…
パタンッ

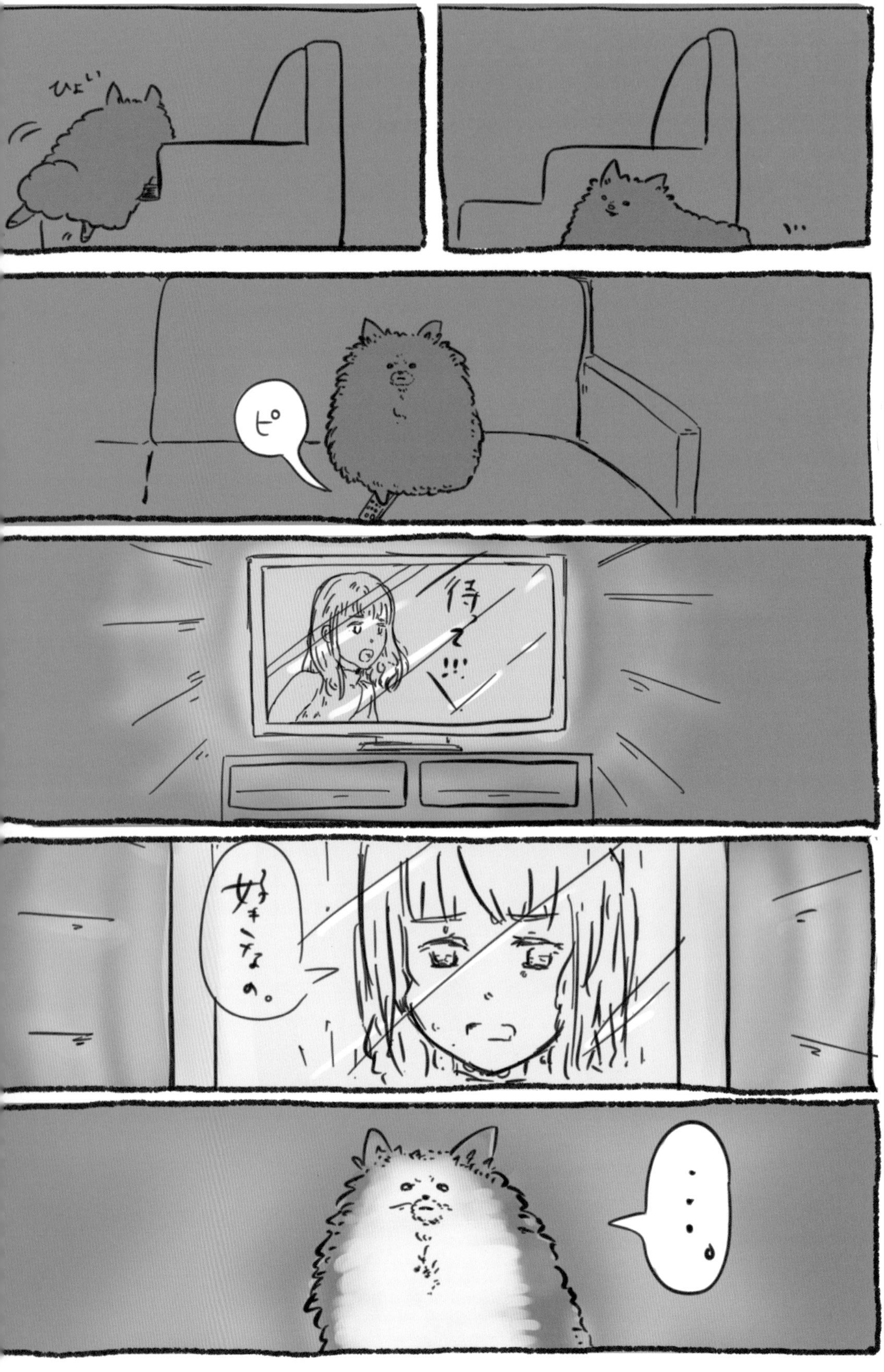
ぴょい
…
ピ
待って!!
好きなの。
…

魔法少女になって数ヵ月…
よるのおさんぽ〜♪
んー♡ きもち〜♡
だれかああ!!
助けて〜!!
?
うっうっ
どうしたの?

あ
誰?
わ…私は……
マネージャー!!!
あ、でも変身してるから分からないのか…
魔法少女みづきよ!!
てて～ん
ま、魔法少女!?
じゃ、じゃあ!助けてくれるの!?
うるうる

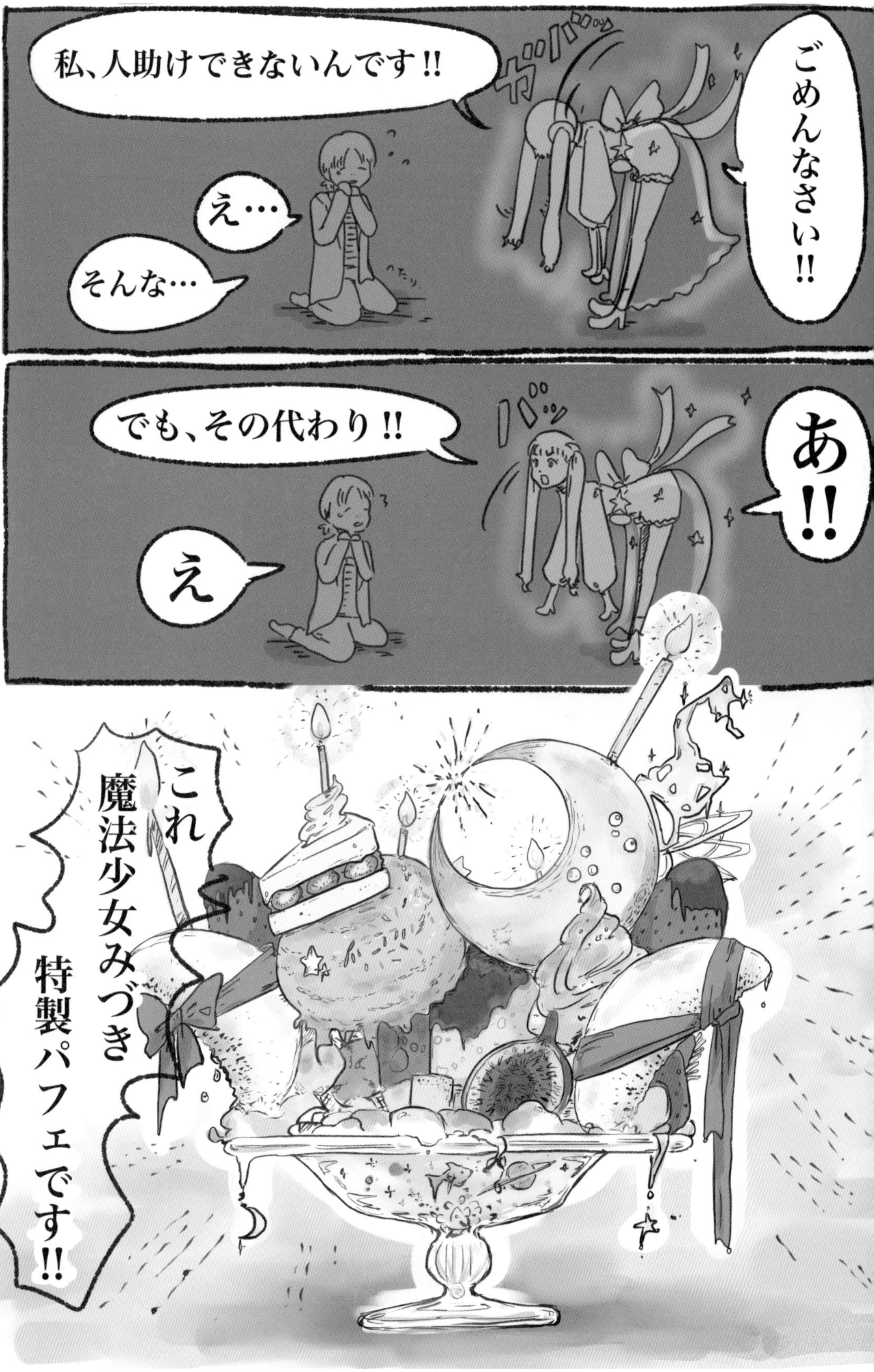
ごめんなさい!!
私、人助けできないんです!!
え…
そんな…
あ!!
バッ
でも、その代わり!!
え
これ
魔法少女みづき
特製パフェです!!

季節のフルーツはもちろんのこと、フルーツは季節を問わず、のっけてスイーツももちろん♡ショートケーキは絶対!!幸せになるもん!あとは、夜空で拾った星クズを少々中のクッキーに混ぜて ジュレの中には、人魚の涙を1滴、この間見つけたお花畑の素敵なお花たちにいただいた朝つゆを少々…カイコガさんのおすすめなんだって…あと流れ星!はじけるから、かわいいリボンも巻いてみた!虹をほどいて作ったから、もちろん食べられるよ!そしてそして、仕上げはやっぱり月ね!
と、まあ一切妥協なしのパフェです!!
・・・・。
・・・。
キラキラ
キラキラ
助けてあげられないケド
そのパフェ食べて元気出してくださいね。
ぴゅーーーん

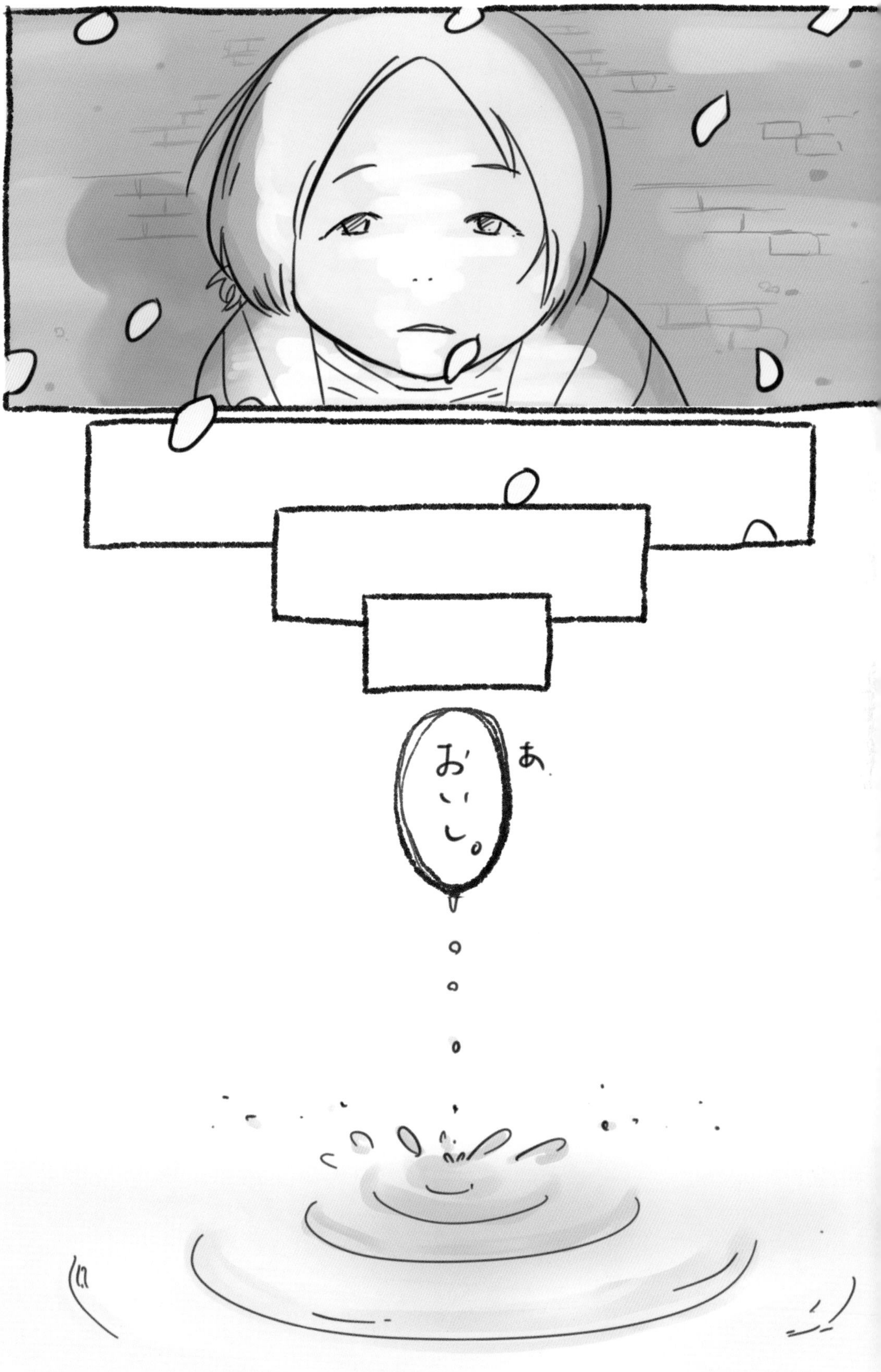
あ.
おいし。

こっつめー☆
ただいまー☆
ズイ
みづきちゃん
なっ何よっ こつめっ
こわい顔 しちゃって
あなた、人を助けたわね
え？

助けてないよ？
いいえ。あなたがさっき会ったマネージャーさん。
助けてないもん
ちがうわ
彼女はあなたのほんの少しの優しさで悲しみから解放されたの
かなしみ
かいほう
だからね、
みづきちゃん
残念だけど…

もう魔法少女には
なれないわ
パ
あ…
消えてく…
私の魔法…

みづきちゃん…
私ね、こつめ
ずっと昔から
あこがれてたの
どんな時も
みんなを笑顔に
してくれる魔法少女…
バカにされたって全然平気だった。
ずっとあこがれだったの。
私は…
魔法少女になって
誰かの心を動かしたかったんだよ

私はね、こつめ
魔法の力なんてなくても
人の心を動かせる人になりたいの。
だからその時が来たら…
ねぇ、みづきちゃん
あなたはいつも
魔法を使っているわ

気が付いてないだけで
毎日 毎日
人の心を
動かしてる。
あなたはずっと
魔法少女だったのよ

私…
…
こつめ。
fin.

characters

※コミック『魔法少女になりたいみづき』
キャラクター設定

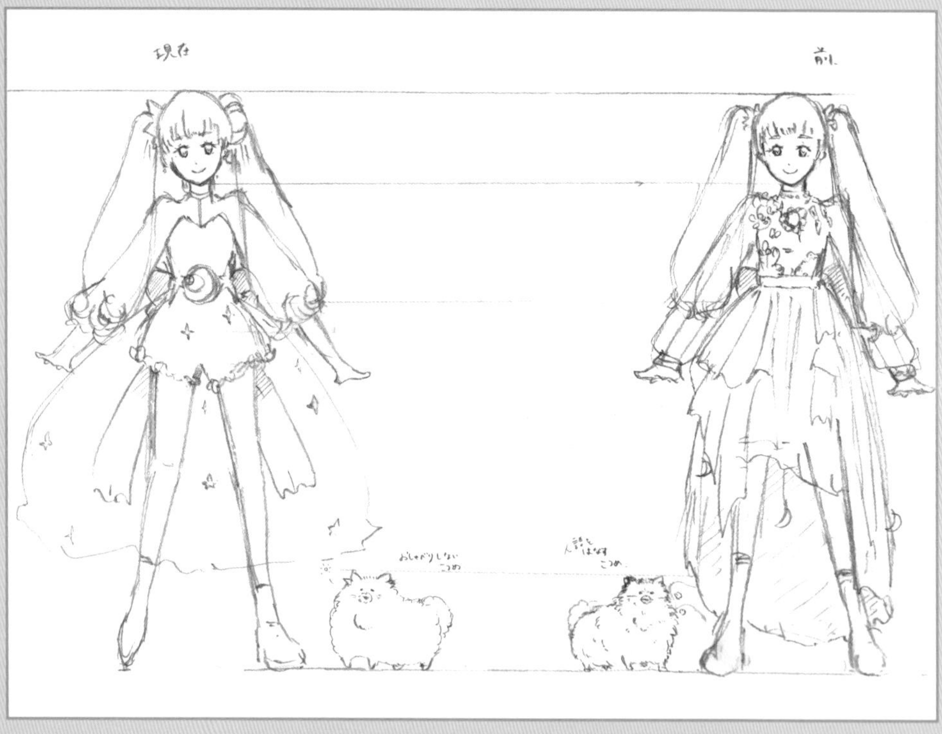

“魔法少女 みづき”と“魔法少女 美月”

山本美月が魔法少女に変身した姿。前の魔法少女(漢字の“美月”)と今の魔法少女(ひらがなの“みづき”)が存在しており、それが過去と現在なのか、前世と現世なのか、パラレルワールドなのかは不明。

こつめ

愛犬のこつめは“ナビゲーター”として、両方の魔法少女を近くで見てきた存在。
“美月”との哀しい記憶から、“みづき”には同じ結末を迎えてほしくないと考えている。必要な時にだけ人の言葉を話すようになるが、それが魔法の力なのかは不明。

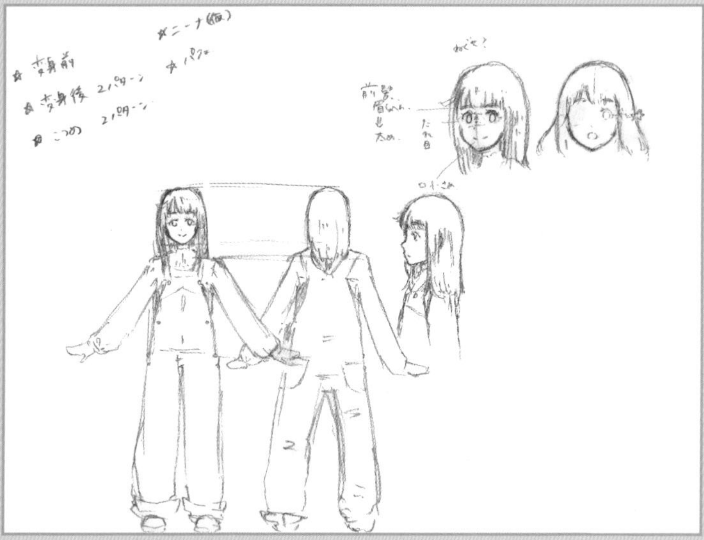

変身前の山本美月

幼い頃から魔法少女にあこがれていて、普段はモデルや女優の仕事をしている。ある日魔法少女のアニメを見ていたところ、こつめから魔法少女になれると告げられ、突然変身できるようになる。

“美月”が哀しげな表情を浮かべているのにくらべ、“みづき”は天真爛漫。こつめとの“人助けをしてはいけない”という約束を守りつつ、魔法を楽しんでいる。

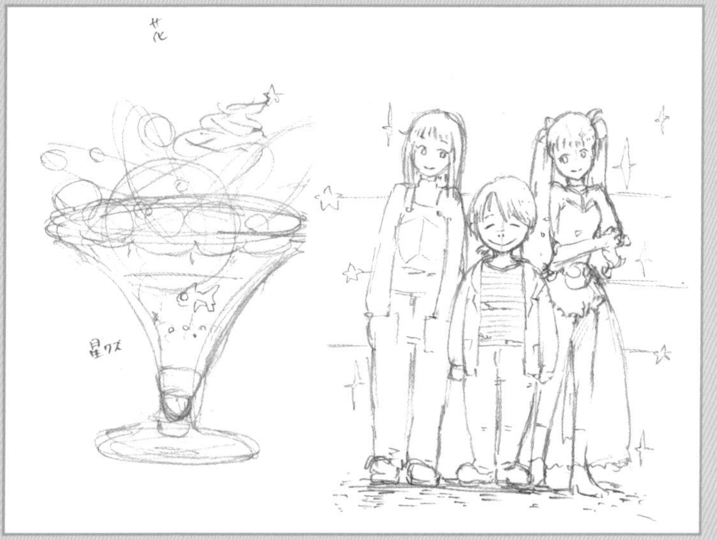

ニーナ

魔法少女みづきがいつものように魔法を使って空を飛んでいる時に出会った、山本美月のマネージャー。仕事で失敗してしまい泣いていたところ、助けてあげられない代わりに「これで元気を出してね」と、みづきから特製パフェを受け取る。普段、マネージャーとして山本美月のそばにいるが、魔法少女みづきの姿を見ても同一人物だとは気づいていない。

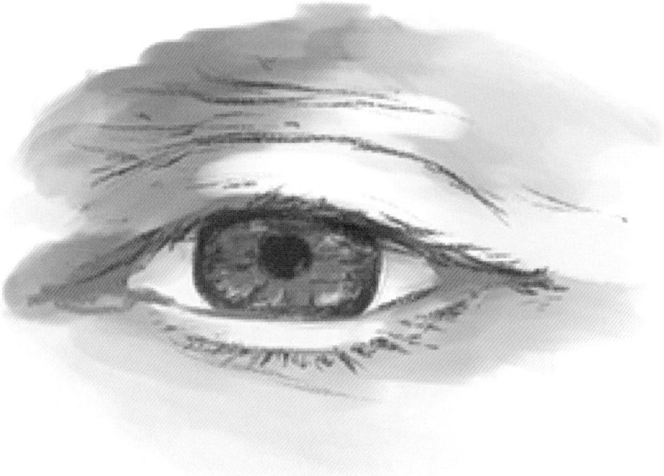

花の魔法使い
マリーベル
マリーベルステッキ

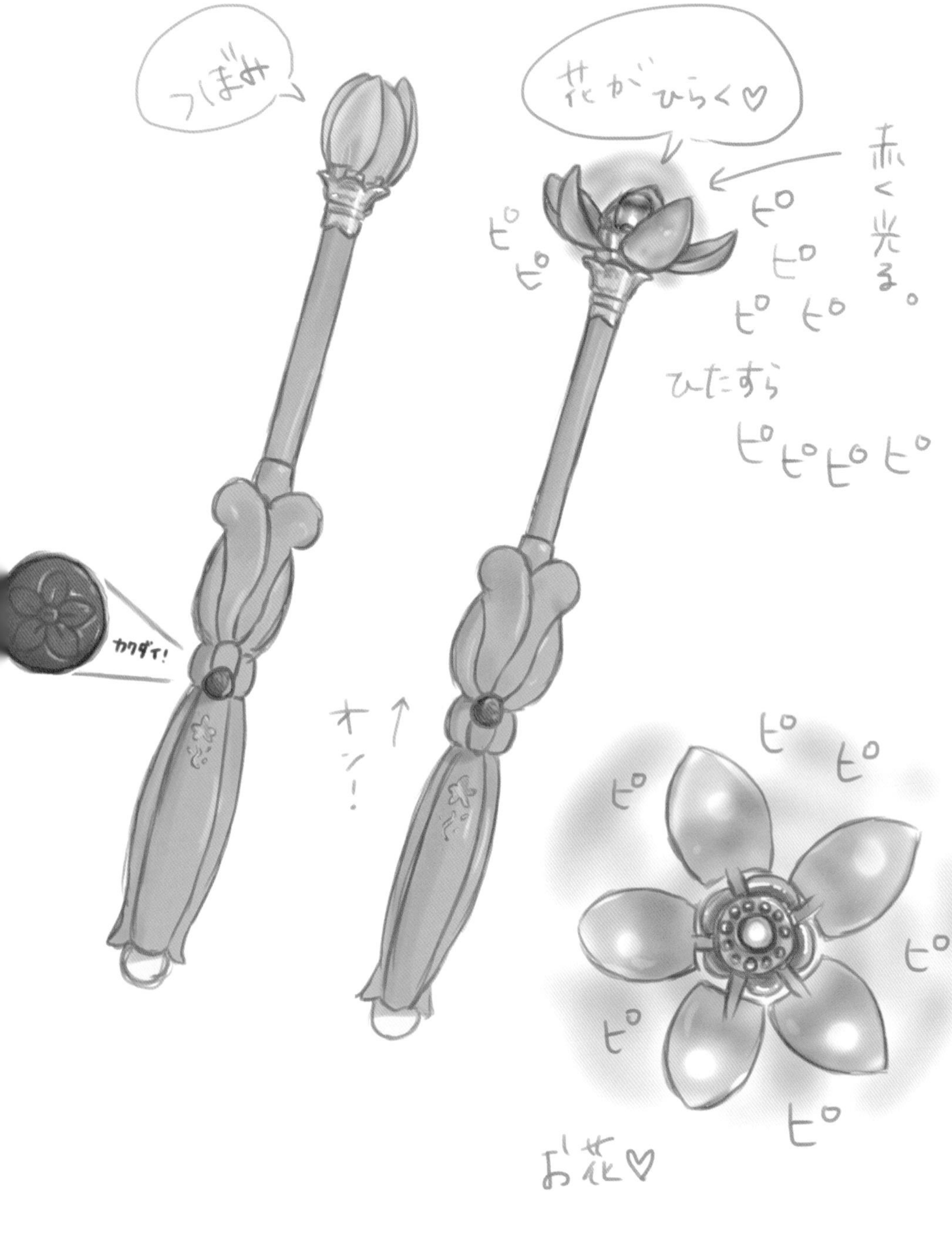

つぼみ
花がひらく♡
赤く光る。
ピピ
ピ ピ ピ ピ
ひたすら
ピピピピ
カクダイ!
オン!
ピ ピ ピ ピ ピ ピ
お花♡

ひみつのアッコちゃん♡
おしゃべりへんしんミラー☆
おもてら
うら
キラキラ… かわいい… (´ω`)
←オン/オフ
テクマクマヤコン
テクマクマヤコン キレイになーれ♡
わぁ♡ 今日もかわいいね!!
わらって わらって! フフッ♡
←☆を押すと1人ずつでてくる!! しゃべる!!

SMILE
EVERYDAY
どんぐり
どんぐり どんぐり
どんぐり どんぐり どんぐり どんぐり
どんぐり どんぐり どんぐり
どんぐり

photographs
『Mizuki the Magical Girl』

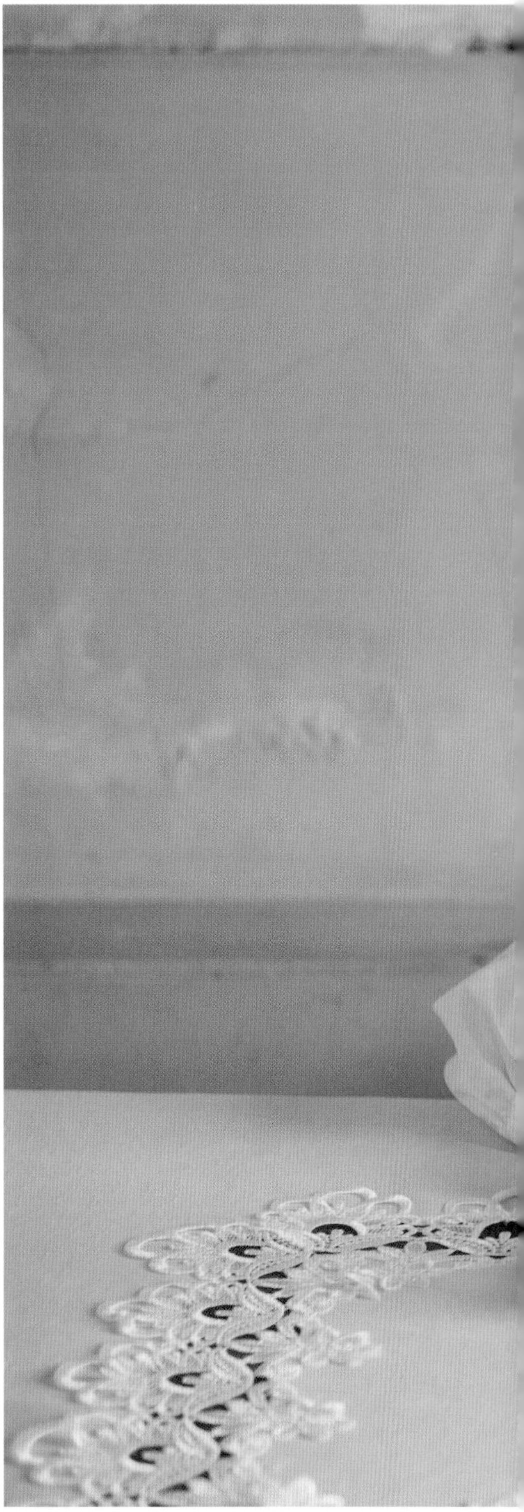

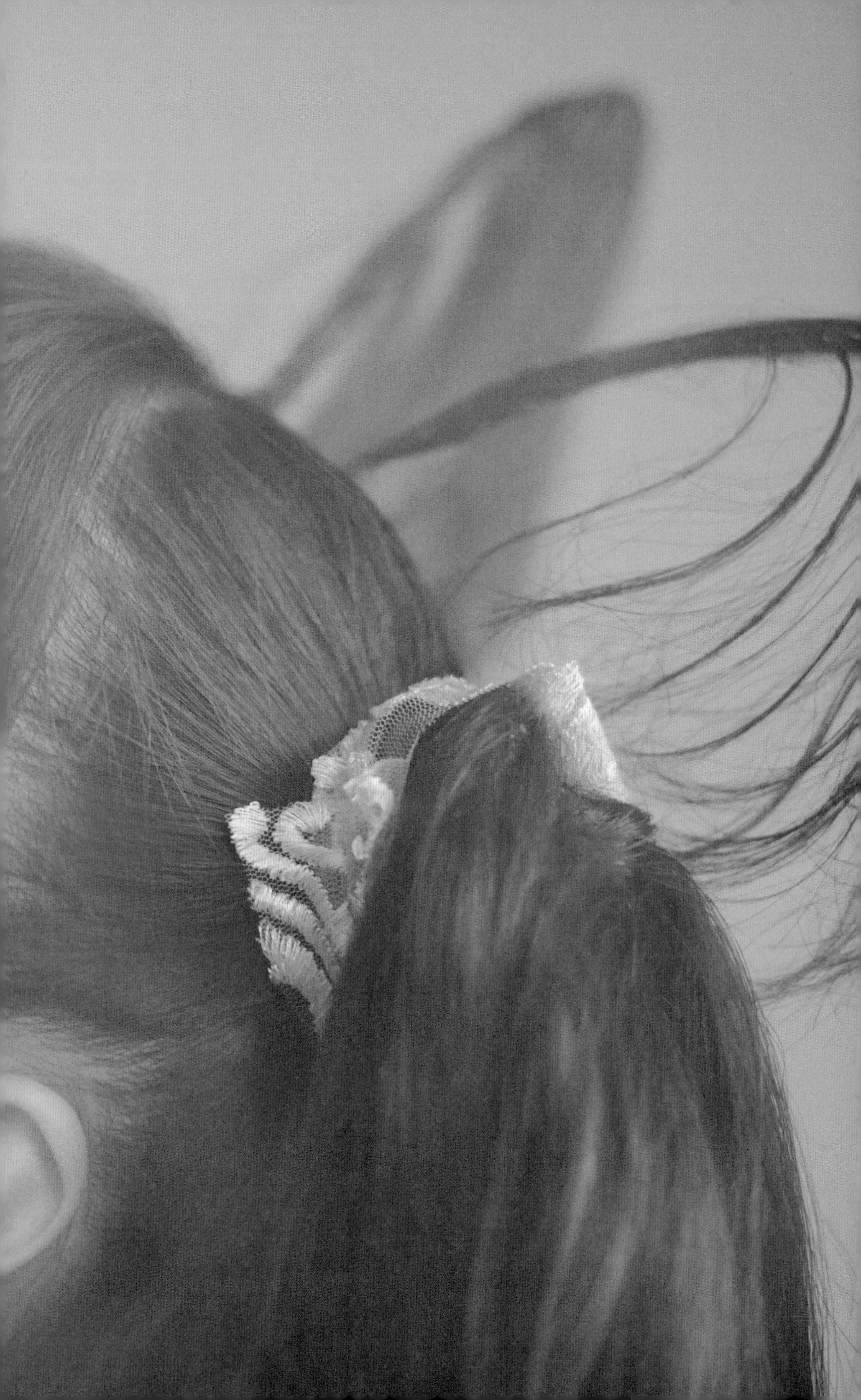

interview
山本美月×こつめ

「〝魔法少女 山本美月〟という自分だけのキャラクターになりたかった」

本書『魔法少女 山本美月』で、インタビューの聞き手役となるのは、本人の愛犬である〝こつめ〟。描き下ろしのコミックでも相棒として大活躍するこつめが、この本に込められた想いや仕事のこと、プライベートのこと、クリエイティブのルーツなど、〝山本美月〟という存在を深く掘り下げていきます。

こつめ（以下、こ）：美月ちゃんの本でインタビュアーをやることになりました、こつめです。今日はよろしくお願いします。

山本美月（以下、美）：よろしくお願いします！

こ：美月ちゃんと出会ったのは……何年前だっけ？

美：たしか『SUMMER NUDE』というドラマをやっていた頃だから、7年前。もう7年！

こ：もう7年も経ったんだね。

美：熊本県のブリーダーさんのところから来たんだよね。私、空港まで迎えに行ったもん。

こ：そうそう。同じ九州出身なんだよね。美月ちゃんとは、ずいぶん長くいっしょにいる気がする。

美：家族でもあり親友でもあり。こつめとはいっしょに住んでいても、適度な距離感があるからいいんだよね。ひとりになりたい時は勝手に寝室に行ってたりするでしょ？

こ：たまにはひとりになりたい時もあるよ。

美：そういうところがいいなって思う。甘えたい時は甘えてくるし。ひとりになりたくない時はうるさいけどね（笑）。

こ：〝猫っぽいね〟って、よく言われる。犬は苦手だからよかった〜。

美：あははは（笑）。誰にも言えないようなこととか、いつも私の話を聞いてくれて助かっているよ。

こ：こちらこそ！　今日もたくさんお話を聞かせてね。

『魔法少女になりたいみづき』

こ：この本は〝魔法少女〟というテーマで作られているけど、それはどうやって決まったの？

美：何でもやっていいよ、と言われて、とりあえず好きなものをバーッと書き出して。好きな食べ物、好きな匂いとかも全部箇条書きにして、そこから何ができるかを考えたんだ。絵を描くことも好きだし、アニメやグッズが好きだし、いろんな〝好き〟を集めたうえで〝魔法少女〟っていうテーマに絞ったら、いろいろできるんじゃないかと思ったの。

こ：好きなものを合体させたら〝魔法少女〟になったのね。衣装もすごく凝っているよね。
美：そこは、かなりこだわったかな。〝魔法少女 山本美月〟という自分だけのキャラクターになりたかったから。二次創作ではなく、あくまで原作になりたくて、何度も打ち合わせを重ねて作ってもらったんだ。
こ：ステッキとかアクセサリーとか、細かいところまでかわいいよね。
美：それこそ、胸元の宝石は撮影当日まで試行錯誤して、直前で修正してもらったりしたからね。目立つように、チュールで土台を作ったんだ。ツインテールも角度にこだわりがあって、ヘアメイクさんにかなりがんばってもらっちゃった。ステッキは、〝美月〟という名前にちなんで月のモチーフを入れてもらったの。月だしツインテールだし、ちょっと『美少女戦士セーラームーン』っぽいと感じる人もいるかもしれないけど、特定のキャラクターのマネをしたわけではないよ。私の中にある理想の〝魔法少女〟を具現化したらこうなった、という感じ。
こ：うんうん。美月ちゃんっぽさが出ていると思う。あと、最大のこだわりといえば、やっぱり美月ちゃんの描き下ろしコミック『魔法少女になりたいみづき』だよね。イラストはよく描いているけど、ストーリーがあるマンガは珍しいんじゃない？
美：高校生の時以来だったから、時間がかかっちゃった。
こ：このストーリーも、美月ちゃんが考えたの？
美：そうだよ。実は魔法少女だったら……みたいな話の大筋はけっこう前から自分の中にあって、それを軸に描いていったら意外と止まらずに最後まで描けた。最初は学園ものにしようかと思っていたんだけど、なるべく登場人物を少なくしてわかりやすい話にしたほうがいいかな、と思って。
こ：すごい。プロのマンガ家さんみたい！　マンガは昔から描いてたの？
美：お母さんが美術の先生の資格を持っていたというのもあって、絵は小さい頃からよく描いていた。ノートにマンガを描いて、妹に読ませたりしてたんだ。そうすると妹がいちばんのファンになって、喜んでくれるの。
こ：ほほえましいね。プロをめざしたりは？
美：マンガは好きだったけど、そこまではいかなかった。一度、本格的にトーンを貼ってみたことめちゃった（笑）。

こ：えー、もったいない。その時うまくトーンが貼れていたら、もしかしたらマンガ家さんになっていたかもね。ちなみに、マンガには私も出てくるよね。これって、どういう役？

美：魔法少女のナビゲーターというか、補佐役って感じ。

こ：キュゥべえ（『魔法少女まどか☆マギカ』）みたいな？

美：ちがう、ちがう！　キュゥべえは悪いヤツだけど、こつめはそうじゃないもん。もうちょっとルナ（『美少女戦士セーラームーン』）寄りかな。

こ：よかった（笑）。マンガの中でこつめが、「魔法少女になっても人助けをしないでちょうだい」って言っているのはなぜ？

美：〝前の魔法少女〟みたいになってほしくなかったから。〝前の魔法少女〟というのは、漢字の〝美月〟で呼ばれているほうね。こつめはそれを近くで見てきたから、〝今の魔法少女〟（ひらがなの〝みづき〟）にはそうなってほしくなかったの。

こ：その〝前〟と〝今〟っていうのは？

美：はたして前世なのか、過去なのか、パラレルワールドなのか。それは、読んでくださる方のご想像にお任せします。

こ：そこは教えてくれないのね。

美：あまり詳しく説明すると、想像の幅が狭まっちゃうんじゃないかと思って。そういう余白はちゃんと残したいから。

こ：いろんな解釈があるもんね。そういえば、〝前の魔法少女〟と〝今の魔法少女〟は衣装もちがっているよね。

美：うん。この本の中に、写真のページがあるでしょ？　実は、これが〝前の魔法少女〟の物語になっているんだ。

こ：本当だ！　衣装がマンガに出てくる〝前の魔法少女〟と同じだね。

美：〝前の魔法少女〟は、ボロボロになるまで戦っているじゃない？　そういう戦いのつらさを知っているから、全体的に哀しげな表情をしているのかもしれない。

こ：けっこう深い話だったのね。美月ちゃん、アニメの脚本とか書けそう。
美：いやいや。まず、国語力が足りない（笑）。それに、なったらなったでキャラクター設定とかにまで口を出したくなっちゃうから、難しいんじゃないかな。
こ：〝原作&脚本／山本美月〟にすればいいんじゃない？
美：うーん、そういう得意な部分を見つけて仕事に活かせればいいな、とは思うけど。
こ：いろんな可能性が見つかりそうだね。

変身願望

こ：現実の美月ちゃんはどうして魔法少女になりたかったの？
美：だって、女の子ならみんな子どもの頃、なりたかったでしょう？　セーラームーンとか。
こ：そうだけど……。たとえばディズニープリンセスになりたい！　って思う子もいるんじゃない？
美：そうだね。私も小さい頃、『シンデレラ』が好きでよく観ていたんだって。でも、それも結局は変身しているんだよね。
こ：たしかに、変身してる！
美：〝ビビディ・バビディ・ブー〟にあこがれていたんだと思う、きっと。
こ：魔法少女になりたいというより、〝魔法をかけたい〟とか〝魔法にかかりたい〟って思っていたのかな。
美：そうなのかも。魔法系ならわりと何でも好きで、〝ハリー・ポッター〟とかも好きだし。
こ：じゃあ、美月ちゃんにとって魔法の魅力って？
美：なんだろう……？　たぶん、空を飛んだり、キラキラキラッて光をまとっているのにあこがれているんだと思う。あと、〝みんなとはちがう私〟みたいな特別感も好き。
こ：人助けとか、敵と戦うとかは？
美：敵を倒したいというよりも、空を飛んで「実は私、飛べるんだ〜！」とか言いたい。今でもよく〝本当は魔法少女だった〟という夢を見るんだよね。「やばい！　飛んでるのがばれた！」みたい美：そう。
こ：モデルになりたかったの？
美：実は、最初はそうでもなかった。昔は人前に出るのが嫌いだったし、全然ファッションにも興味がなかったし。どちらかというと、モデルじゃなくて役者になりたかったんだ。
こ：そうだったんだ！　なにかお芝居に興味を持つきっかけがあったとか？
美：小学校の時に学芸会みたいなので劇をやることになったんだけど、主役が決まらなくて話し合いが進まない時があって。その当時、勉強が大好きだったから早く塾に行きたくて、「決まらないなら私がやる！」って手を挙げたのが最初。そんなきっかけだったけど、その時にやった劇がすごく楽しかったの。それで、お芝居をやりたいなと思って、高校の時は演劇部にも入ってた。
こ：実はね、さっきの話を聞いていて、今やっているモデルもお芝居も、美月ちゃんの〝変身したい〟という気持ちからスタートしているのかもしれないと思ったの。
美：たぶん、それはあるかも。変身願望があったから、この仕事が楽しいんだと思う。自分じゃない人間を演じたり、普段は着ないような洋服を着られたりすることが、変身なのかなって。
こ：いろんなキャラクターになれるのが楽しい？
美：そうだね。小さい頃の夢は警察官とキャビンアテンダントになることだったんだけど、どっちも制服着てるなって。
こ：あ、本当だ（笑）！
美：衣装が変わることにあこがれていたんだなって、今になって気づいた（笑）。
こ：普段とはちがう自分になれるようなお仕事？
美：そうそう。普段の私と仕事の私はちがう！　みたいな感じにあこがれてた。だから、普通のお勤めにはそんなに惹かれなかったな。
こ：今のお仕事は変身したい美月ちゃんの夢をかなえてくれているのね。
美：だから続けていられるんだろうね。

鏡の中の自分

こ：美月ちゃんが好きな魔法少女を教えて！

美：いっぱいいるよ。セーラームーン（『美少女戦士セーラームーン』）でしょ、どれみちゃん（『おジャ魔女どれみ』）でしょ、マミちゃん（『魔法の天使クリィミーマミ』）でしょ……。あっでも、昔は真ん中の子だけが好きだったけど、大人になっていくにつれてだんだん黄色の子も好きになってきて、今は『Yes！プリキュア5』のキュアレモネードとか、かわいいなと思う。

こ：真ん中の子と黄色の子のちがいって？

美：昔は、黄色って真ん中のマネだと思っていたの。真ん中になりたいけどなれない子というか。永遠の二番手な感じがして、私は一番がよかったから黄色を好きになれなくて。でも、黄色って意外と個性的で、ちょっとツンデレだったり、おとなしいけど実はがんばり屋さんだったりするんだよね。そういうところが最近わかるようになって、好きになってきたかな。魔法少女って、みんなちょっとどこか欠けていて、ドジだったり、泣き虫だったり、わがままだったりするんだけど、そういうところがかわいいなと思う。あまりにもわがままなのは好きになれないけどね。

こ：美月ちゃんの中の理想のヒロインは？

美：魔法少女ではないけど、『少女革命ウテナ』の天上ウテナみたいな、ちょっとメンズっぽくて、でも女性らしさもあるようなキャラクターは素敵だなと思うよ。実は弱い部分もあるのに強く見せている、そういうヒロインってカッコいいよね。

こ：美月ちゃんもお仕事でそういうイメージで売り出してみたら？

美：それは無理！　そんな性格じゃないもん。嘘つくと回収するのが大変（笑）。自分がどんな嘘をついたか忘れて、そのうち絶対ボロが出ちゃう。だから、テレビに出る時もなるべく嘘をつきたくないなと思っているんだ。「嘘をついてください」って言われたら断るよ。

こ：じゃあ、今みんながメディアを通して見ているのは素の美月ちゃんなのね。

美：デビューしたての頃はイメージもあったし、多少設定を守っていたところはあったけど、今はなるべく素の自分でいるようにしているよ。昔の名残で、笑う時にこう（口をおさえる仕草）なっ

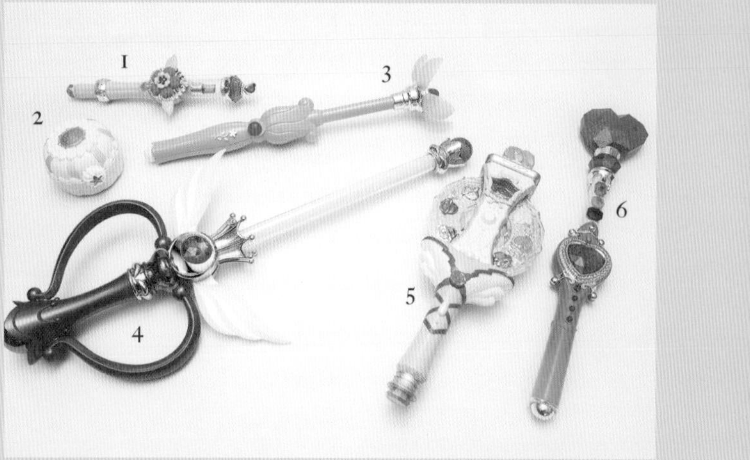

1『フラワーリングハート』。韓国のアニメ。

2『キラキラ☆プリキュアアラモード』のスイーツパクト。

3『花の魔法使いマリーベル』のステッキ。
先端のお花が開くギミックがツボ。

美少女戦士セーラームーン SuperS』のカレイドムーンスコープ。

5『Yes! プリキュア 5 GoGo!』に登場する
ミルキィローズのミルキィミラー。
私のあだ名が“みるきぃ”だったので、思い入れが。

6『シュガシュガルーン』のステッキ。高かったけど、発色、
メッキ、プラスチックのキラキラ感が最高。

美：なるべくいつも平常心でいたいんだよね。私はそんなに器用じゃないから、意識して切り替えようとすると、すごく疲れちゃう。お芝居で役を演じる時に切り替えるのも、実はすごく疲れる（笑）。

こ：そうだったのね。今まで演じたなかで、素の自分と似ているなと思った役はある？

美：似ている子はいなかったと思う。いろいろ演じてきたから全部は思い出せないけど、最初の頃は『CanCam』モデルの私を求められていた感じだったから、それこそ素の自分とは全然ちがっていたよ。かわいらしい雰囲気で、キャピキャピ系みたいな。それはそれで、ちゃんと納得したうえでやっていたんだけどね。

こ：その頃と比べると、最近は髪も切って、だんだんカッコいい女性になってきていると思うんだけど。それって意図的に変えているの？

美：カッコいい女性に見せたいわけではないかな。だんだん素の自分を出していく年齢になってきたんだと思う。いい意味で肩の力が抜けたというか。がんばるのにちょっと疲れちゃったのかも（笑）。〝自分の好きに生きたい、自分の人生なんだし〟と思い始めているところ。

こ：年相応に見られたい？

美：うーん、人から見られることを前ほど気にしなくなったというのがいちばんかもしれない。昔は人から見られることばかり気にしていて、周りから「この人成功しているな」と思われることが幸せだと思っていたところがあって。たとえば、ドラマの主演をするとかね。でも、ある時それだけじゃないということに気づいたの。自分が本当に楽しいと思う時ってどんな時だろう？　と考えたら、もちろんお芝居も楽しいけど、ただお芝居をするだけじゃなくて、現場がうまくいっている感じとか、みんなで一丸となって作り上げている感じ、みんなで得る達成感……そういういろんなものが混じり合って〝楽しい〟になっているんだなって。だから、これからはそういう環境を自分で作っていこうと思っているんだ。

こ：じゃあ、今は美月ちゃんにとってすごくいい状態なのね。

美：うん。お芝居はもちろん、モデルの仕事も、今回のように絵を描く仕事も、本当に〝楽しい〟と思えることを今はできているから、今後もそうありたいなと思う。ただ、絵の仕事はまだ始めたばかりで見直すべき課題がたくさんあって、マネージャーさんといい方法を模索中。そうやって、

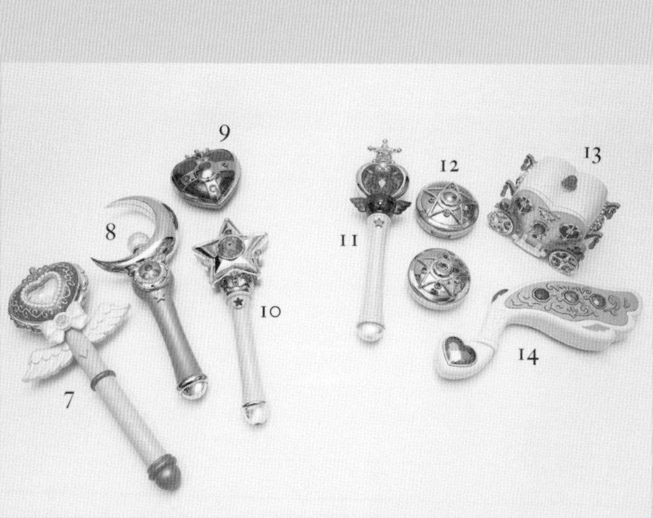

7 『ジュエルペット』のジュエルステッキ。
8 『美少女戦士セーラームーン』のムーンスティック。
9 『美少女戦士セーラームーンS』のコズミックハートコンパク
10 『美少女戦士セーラームーンSuperS』のスターパワーステ
11 『美少女戦士セーラームーンS』のちびうさのステッキ。
12 『美少女戦士セーラームーンR』のクリスタルスターブローチ。ひとつはコスメ。
13 『魔法使いサリー』の馬車。
14 『ふしぎ星の☆ふたご姫』のはねのミューグラム。

今は自分のいちばん居心地のいい場所を作っている段階なんだよね。
こ：自分が100パーセント幸せと思える場所ってこと？
美：それを今、作っているところ。自分がストレスに感じる場所も見出して、そこをどう改善するか考えたり、徐々に地面を固めていったりしている感じかな。
こ：なんかリーダーっぽい！　カッコいい。
美：ただのわがままだから（笑）。自分に都合のいいようにしているだけなのかもしれないけど、それで自分だけではなく相手も楽になるのなら、いちばんいいよね。
こ：信頼できる人と最高のチームを作りたい？
美：作りたい！　そのステップのひとつとして、この本を作ることができたのはいい経験だったと思う。

マジックチャーム〝アニメ・マンガ〟

こ：美月ちゃんはどんなアニメを見て育ったの？
美：めちゃくちゃいっぱいあるよ。本当に小さい頃のもので言うと、『魔法のプリンセス ミンキーモモ』『美少女戦士セーラームーン』とか。〝ミンキーモモ〟に関しては小さすぎて覚えてないんだけど、よく見てたみたい。世代的には『おジャ魔女どれみ』がど真ん中で、いちばん記憶に残っているかな。
こ：やっぱり魔法少女アニメが中心なのね。
美：魔法系は全般的に好きだったよ。『東京ミュウミュウ』『ナースエンジェルりりかSOS』『怪盗セイント・テール』『赤ずきんチャチャ』『魔法陣グルグル』とか。あと、魔法系ではないけど『きんぎょ注意報！』も大好きでよく見てた。〝セーラームーン〟といい〝ウテナ〟といい、小さい頃から幾原邦彦監督の作品がツボだったみたい。
こ：幾原監督のどういうところがツボなの？
美：言葉で表現するのは難しいかな。監督の昔の作品は、背景が水彩っぽい感じなんだよね。あと、ところが好き。

こ：でも、子どもの頃は理解していなかったでしょ？

美：うん。〝セーラームーン〟も〝ウテナ〟も、その魅力に気づいたのは何年もあとに見返してからだよ。"セーラームーン"なんて、当時は気がつかなかったけど、意外に大人っぽい話で驚いた。それで言うと、実は『おジャ魔女どれみ』もけっこう考えさせられる話が多いんだよね。敵が出てきて倒す、みたいなお決まりの展開ではなくて、魔法にもいろんなパターンがあって、毎回何が起こるかわからないし、クラスメイトひとりひとりが問題を抱えていたりして。妹尾あいこちゃんも、お父さんとお母さんが離婚してお父さんと暮らしているけど、たまにお母さんに会いに行ったり。時代がちゃんと反映されているというか、リアルなところが好きなんだと思う。けっこう泣いちゃうもん。

こ：子ども向けアニメでも、実はけっこう深い話だったりするもんね。じゃあ、自分の人生を変えたと思うアニメってある？

美：それはもう、『鋼の錬金術師』との出会いでしょう。当時、中学受験のためにアニメを見るのを禁止されていて、その禁止令が解かれたあとに見たのが〝ハガレン〟だったの。それで、朴璐美さん（エドワード・エルリック役）の声を聴いた瞬間にエドに恋をして。本気でエドと結婚するつもりだった。私の人生最大の恋愛だったといっても過言ではない！　そこから私のアニメ好きが加速していった気がする。

こ：まさに運命の出会いだったわけね。そのあとはどんなアニメに？

美：『ひぐらしのなく頃に』『涼宮ハルヒの憂鬱』『らき☆すた』とか。あと、自分でもドリーム小説を書いたりして……。

こ：それは、かなり突っ走ったね（笑）。

美：でしょ（笑）？　私の小説のファンもいたんだよ。ホームページも作って、オリジナルキャラのリク絵を描いたりしてた。さすがにそれは黒歴史だけど（笑）。ＢＬや百合にもハマって、典型的なアニメオタクの中学生だった。

こ：魔法系だけではなく、いろいろなタイプの作品を見るようになったのね。

美：うん。『月刊コミックブレイド』という雑誌にハマったのがきっかけで、そこからSFファンタジー作品も見るようになって。なかでも特に『魔探偵ロキ』が好きだったな。そのなかに出てくるスクルドというキャラクターが好きで、〝スクルド〟っていう名前で友達とやり取りしていたくらい（笑）。

こ：どういうところが魅力だったの？

美：怪盗とか、天使と悪魔とか、いわゆる異世界系と言われるものが好きで、『魔探偵ロキ』はドンピシャでそのツボを突いていたんだよね。怪盗が出てくるといっても『名探偵コナン』みたいな感じではなくて、主人公が変身したり、もっとファンタジー要素が強い感じね。異世界にトリップするとか。

こ：今まさに〝異世界転生系〟が流行っているみたいだけど、美月ちゃんは昔からそういうテイストが好きだったのね。

美：そうだね、ずっとそういうテーマの作品が好き。大人になるにつれて内容も単純なものではなく、小説的というか、絵に描かれている向こう側を読み解きたくなるようなものを選ぶようになって、志村貴子さん（『放浪息子』他）とか、中村明日美子さん（『同級生』他）のマンガをよく読んでたよ。

こ：コスプレとかはしなかったの？

美：もちろん、したことある！　初音ミクが最初にしたコスプレだった。

こ：コスプレして、イベントに行ったり？

美：しょこたん（中川翔子）のライブに行った。高校の時の友達が中川翔子さんのファンで、誘われていっしょに行ったことがあって。最初は普通の服で行ったんだけど、「次はコスプレしよう！」ってなって、2回目の時に初めてコスプレして観にいったの。

こ：それからコスプレにハマったんだ？

美：ハマった、ハマった。福岡ドームで開催している〝COMIC CITY〟っていうイベントにも行ったりしたな。高校生になって行動範囲が広がって、上京した時にひとりで百合のイベントに行ったり、ウィッグの専門店に行ったり、メイド喫茶に通ったり、アニメイトやまんだらけにこ：そこまでどっぷりアニメやマンガにハマっていて、周りの目とか気にならなかった？
美：そこは全然気にならなかった。オタクであることを恥ずかしいと思ったことがないんだよね。それも自分の個性だし。もちろん、周りが見て不快になるようなことはしないよ。そういうある程度の常識をわきまえたうえで、「私こういうの読むよ」って言うのはいいと思うんだ。
こ：中高生とかだと学校のグループで浮いちゃうから言えないとか、あるんじゃないの？
美：それもなかった。私の仲がよかった友達はみんなジャニーズが好きで、私だけアニメ好きだったけど、みんなの話を聞くのはおもしろかったし、自分の話もみんな聞いてくれていたし。そういうところは、本当に周りに恵まれていたと思う。大学は農学部で男子が多かったからBLとかけっこうからかわれたけど、周りが男子ばかりになったらBLが好きじゃなくなったんだよね（笑）。
こ：へんに隠さないほうがいいのかな？
美：うん、好きなものは好きと言っていいと思う。反対に、周りの人の趣味が理解できなかったとしても、好きなものの話をしている時ってみんな楽しそうで、その話を聞いているだけでもおもしろい。少なくとも私はそうだったな。ただ、押し付けるのはダメ。「これ絶対読んで！」みたいに言われると、正直、面倒くさいと思っちゃう。自分が楽しんでいることを話す分にはいいけど。
こ：好きなものを好きとみんなが素直に言える世の中になるといいね。
美：うん。でも、そうなりつつあるんじゃないかな？
こ：そうかもしれないね。アニメやマンガを好きだったことが今の仕事に活かされているなと思うことはある？
美：まず、この本に関しては活かされているよね（笑）。役作りを考える時も、今までいっぱい読んできたもの、見てきたものが少なからず影響していると思う。
こ：台本を読んでいて、この役はあのキャラクターっぽいな、とか？
美：そうそう。あと、アニメの脚本家さんが書いていたりすると「おぉ！」ってなる。『真夜中のスーパーカー』というドラマに出演したことがあるんだけど、〝ハガレン〟の脚本家の方が書いていて。
こ：美月ちゃんの人生を変えたアニメじゃない！　あこがれの存在といっしょにお仕事できるようになったなんて、すごいね。

美：その分、ちゃんと期待に応えられているか不安もあったよ。
こ：美月ちゃんならきっと大丈夫だったと思う！
美：そうだといいけどね。

マジックチャーム〝植物・動物・昆虫〟

こ：美月ちゃんが行っていた大学の農学部って、どういうところなの？
美：最終的に生物の先生とか研究員をめざしている人が行くところかな。卒業後に香水の調香師になった人もいるし、ビール会社に勤めている人もいれば、化粧品会社とかMRとか。
こ：そこで美月ちゃんは何を勉強していたの？
美：全然実になっていないんだけど（笑）、生命科学科というところで植物の研究をしていた。本当は動物がよかったんだけど、なぜか病気に強い植物を作る研究室にいて、植物に注射打ったりしてた。
こ：へぇ〜。そういえば、家にも植物がたくさんあるね。
美：うん。仕事で家を空けることが多いから、強い子しか育たないけどね。ウツボカズラやユーフォルビアゲロルディは、めっちゃ強いから枯れずにいてくれる。サラセニアはすぐ枯れちゃうけど、個性的でおしゃれだからよく買ってくるんだ。最近は花束にサラセニアを入れてくれるお花屋さんもあって、素敵だなと思う。
こ：標本もたくさんあるよね。
美：害虫以外の生き物は基本的に何でも好きで、標本も好き。おじいちゃんにもらったり、自分で作ったり買ったりして、たくさん集めてるんだ。
こ：なかでもお気に入りなのは？
美：おじいちゃんがくれたコウモリの標本かな。メダカや綿毛をレジンで固めた標本も、「どうやって作ったんだろう？」っていう不思議な感じが好き。あと、解剖したネズミの標本を模した編み物。ポートランドに行った時にパクストン・ゲートというお店で見つけて、これは買って帰らなきゃ、

マジックチャーム〝魔法ステッキ〞

こ：魔法ステッキもたくさん集めているよね。

美：そうだね。飾りきれないほどある。大人になってから買い集めたんだけど、なかにはプレミアがついているのもあって。『シュガシュガルーン』のステッキとか、たしか3万円以上の値段がついていた気がする。それでもかわいくて、つい買っちゃうんだよね。

こ：ステッキのどんなところがかわいい？

美：ポイントとしては、まず金メッキ感。ツヤツヤキラキラ光っているのがいいの。あとは、花をモチーフにしているのも好き。『花の魔法使いマリーベル』のステッキは花が開くようになっているんだけど、それがいちばん好きで、もしかしたらいちばん高かったかも。ボタンを押すと花がパッと開いて、真ん中の赤い石がピカピカ光るっていうだけのギミックなんだけど、そこがかわいいんだよね。最近のステッキは「ここのボタンをふたつ同時に押すとこの音が鳴るよ」とか、ギミックが多すぎて覚えられない（笑）。

マジックチャーム〝ファッション〞

こ：この本では私物のアクセサリーもいくつか紹介しているけど、どういう形のものが好きなの？

美：最近は形が変わっているけどシンプルなものが好き。ただの曲線とか、立体的だけど派手すぎない感じじゃね。あとは、虫モチーフのものが好きなんだけど、それも派手すぎるのはあまり好きじゃなくて。一見、普通だけどよく見ると虫だった、みたいなシンプルさがいいんだよね。シンプルの度合いは人によってちがうと思うけど、ゴスっぽかったりロックな感じは好きじゃないかな。

こ：洋服の好みも同じ？

美：うん、そうだね。昔はけっこうヒラヒラした派手めの服が好きで、ゴスロリだった時代もあるんだけど、今はそういうものは選ばない。

こ：それってやっぱり、芸能界のお仕事を通して変わっていったのかな？

LOVE
to the moon and back

HEADZ

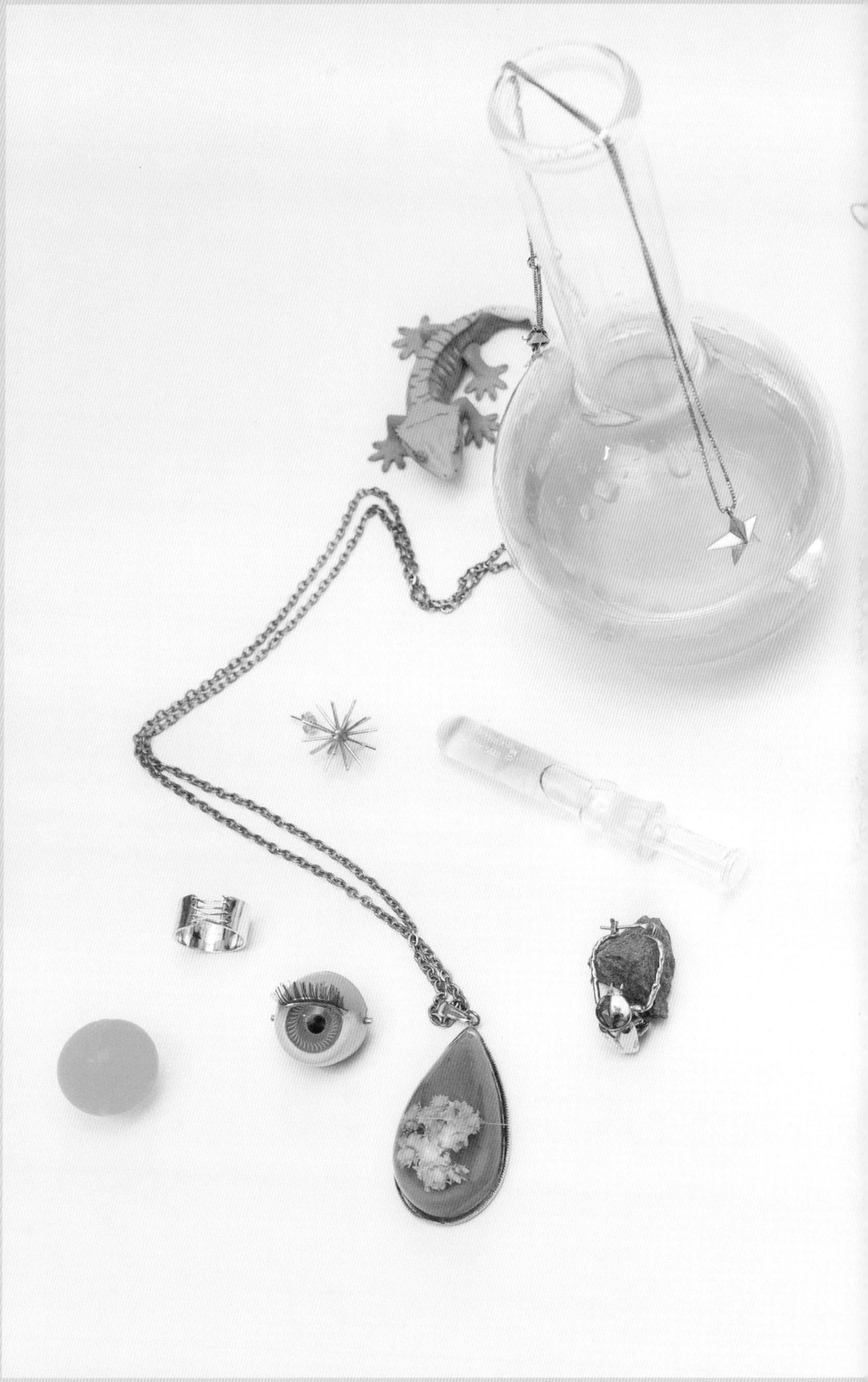

美：それは、かなりあると思う。雑誌やテレビでいろんな衣装を着させてもらっているうちに、自分の好きな洋服がわかってきたというか。それでも最初は、全然ファッションに興味がなくて苦労したんだよ。モデル時代は私服で雑誌に載ることも多かったから、普段からスタイリストさんに協力してもらってた。

こ：えー！　それは意外かも。

美：本当、大変だった……。私服の写真が読者アンケートで評判が悪かったりすると、かなり落ち込んだし。きっと『CanCam』っぽくなかったんだと思う。ザリガニか何かのニットを着て撮った写真の時もそうだったな。

こ：ザリガニ!?

美：うん。私的には、すごく好きなデザインだったの。今見てもかわいいなと思うし、かわいいと信じてるんだけど、『CanCam』読者には響かなかった（笑）。

こ：そういういろんな経験があったからこその今なんだね。この本に載っている魔法少女の写真も、全体的におしゃれ。

美：そこはこだわったポイントのひとつなんだ。ティム・ウォーカーという写真家さんが表現する、現実とファンタジーが混じり合った、ファッショナブルな作風が好きで、今回の写真はそれに近づけたくて。非現実的な洋服やシチュエーションでも、ちゃんとおしゃれに見えるっていう。

こ：たしかに、普通に撮ったらコスプレ写真になりそうだけど、そういう感じに見えないね。

美：みなさんの力で、おしゃれに仕上がりました！

こ：これって、美月ちゃん自身みたいね。オタク的な趣味を持っているけどファッションも好きっていう、個性が写真にそのまま出ている感じがする。

美：うん、そう思ってもらえたら嬉しいな。

解けない魔法

こ：コミック『魔法少女になりたいみづき』の中に〝魔法少女になって誰かの心を動かしたかっ

15 Chigo で買ったネックレス。後ろにも星が垂れるところがかわいい。　16 miss Bibi の貝殻のネックレス。中に海が閉じ込められてる。
eautiful people の丸いピアス。使いやすいので色ちがいで持ってる。　18 ハエと淡水パールのピアス。ハエのモチーフが珍しいのと、パールとのバランスが好き。
知らない間に家にある石。ずっといる。20 gondoa のピアス。ハナムグリだったかな？　ここは虫のモチーフが多いので、好みのものがあったらたまに買っちゃう。
21 sangai のリング。構築的で好き。　22 これも Sangai。小指につける。　23 これは LOOP&BOX かな？　指 2 本につけるのに意外と不便じゃない。
24 Tender And Dangerous の刺繍手袋。なんでもない時につけてたい。　25 スタイリストのお友達から誕生日にいただいたもの。すごい頻度でつけてる。

26 虫のネックレス。近所の古着屋さんで。
27 Gucci のビンテージ。時計になっていて、こっそり時間を確認するのにいい。
28 虫のブローチ。パリの有名な蚤の市で。
29 地方ロケの撮休で水族館へ行った時に、貝殻をむいて入ってたパールをその場でリングにしてもらったもの。ちょっといびつなところがかわいい。
30 桐谷美玲ちゃんにもらったピアス。
31 ドライフラワーのネックレス。ネットで見つけて買ったんだっけ？
いつつけるの?ってくらい大きい Maison Margiela の花のリング。見てるだけでかわいいけど、つける機会に恵まれない。
33 友達から誕生日にもらった Dior のリング。
34 トカゲのガチャガチャ。
35 Toga のピアス。耳に沿う感じになる。

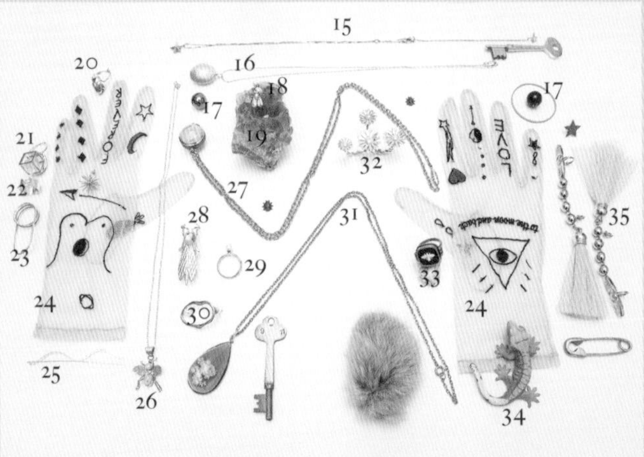

だけではなく、悲しいとか怖いとか、ネガティブな感情でもよくて。誰かの感情を左右する存在。
こ：美月ちゃん自身は、どんなことに心を動かされるの？
美：たくさんあるけど、最近でいうと『日本沈没２０２０』っていうアニメを見て、すごく怖くなった。でも、それを見たことで「災害対策をがんばろう」とあらためて思ったし、そういうふうに、見た人の考え方やその後の人生に影響を与えたいんだ。
こ：今、自分はそういう存在になれていると思う？
美：こういう仕事をしているなかで、たとえば私が着ているお洋服がほしいと思ってくれたり、私がＳＮＳに投稿しただけで「今日もがんばろうって思えました」ってコメントしてくださる方がいたり。そういう、自分の周りの人だけじゃなくて、画面を通じた向こう側の人の存在を感じると、大勢ではないかもしれないけど、少しは人の心を動かせているのかなと思う。
こ：それが自信にもなっているんじゃない？
美：そうだね。昔は人前に出ることがすごく嫌いで、みんなが外で遊んでいるのにひとりで家で絵を描いているような子どもだったから、その頃と比べるとだいぶ自信がついたと思う。インドアなのはあまり変わらないけど(笑)。
こ：この仕事をしていなかったら、自分に自信がない昔の性格のままだった？
美：そう思う。この仕事を始めたばかりのモデル時代は大変だったけど、その時の経験が今の自信になっているんだよね。ファッション誌のモデルって、読者アンケートの結果で自分が必要とされているのか、されていないのかがはっきりわかるの。トビラのカットを誰がやるかとか。それを決めるのは編集さんの好き嫌いもあるだろうし、読者からの人気度もあるだろうし。そういう内側と外側からの評価に対して、常にプレッシャーを感じてた。最初の頃は全然カット数をもらえなくて、当時大学に行っていたから「このまま就職するのもありかな」と本気で考えたこともあったくらい。でも、途中で女優の仕事を始めて、そこから人気ランキングが徐々に上がっていって。結果、一番になれたことは今でも自信になっているよ。
こ：みんなに求められていることがわかったのね。
美：最初は「『ＣａｎＣａｍ』らしくない」「『ＣａｎＣａｍ』顔じゃない」と言われていたのが、だんだん

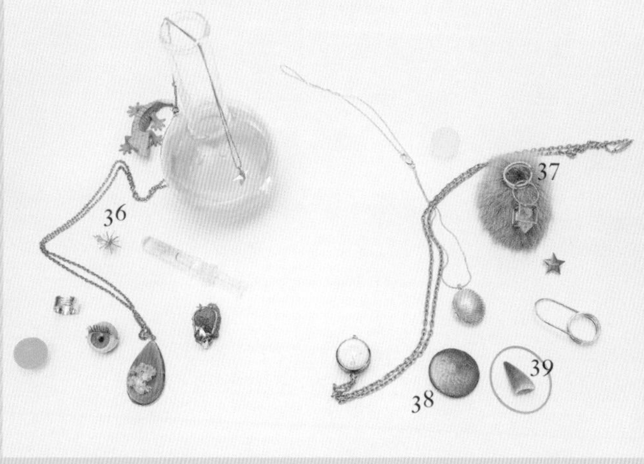

36 LOOP&BOX かな……。構築的。
37 これも LOOP&BOX。つける角度でちがってみえる。
38 アンモナイト。ガチャガチャだっけ？
39 ガチャガチャで出てきた、なにかの歯か爪の化石。

読者からの人気が上がっていって、最終的に、私イコール『CanCam』の顔になれた時期があったのは、かなり大きいことだった。

こ：その経験があったから、『CanCam』を卒業した今もモデルを続けている？

美：うん。そのおかげで、今お仕事をさせてもらっている『SPRiNG』やいろいろな雑誌が〝私らしさ〟を求めてくださっているから、すごく嬉しい。

こ：がんばって本当によかったね。今後やっていきたいことってある？

美：絵のお仕事はもっとやっていきたいな。

こ：マンガを連載してほしいって言われたらどうする？

美：えー、絶対無理！　1ページとかならできるかもしれないけど……。何ページも毎月連載しているマンガ家さんって、本当にすごいと思う。

こ：すごいよね。ストーリーも考えて、絵も描いて。

美：もう、天才だよね。私がもし毎月連載を持つとしたら、お芝居はもうできなくなると思う。女優を辞めて取りかからなきゃいけないくらい。今回のマンガだって、新型コロナの自粛期間で家にいる時間が長かったから完成したようなものだもん。一度描き進めても、あとからすぐ直したくなっちゃって全然進まないんだよね。週刊誌での連載とか、どうなってるんだろう？　って思うよ。

こ：たしかにね。

美：自分のことが何にもできなくなるよね。でも、マンガ家さんのあとがきとかSNSを見ていると、連載しながらもおいしいご飯を作ったり、アシスタントさんと遊びに行ったりしているじゃない？　人間としてもちゃんとできている人たちなんだなって思う。

こ：ものすごく尊敬していることが伝わってきたよ（笑）。連載は難しいとしても、何か新しい挑戦ができるといいね。

美：新しい挑戦ももちろんだけど、その前にもう少し大人として地面を固めていきたいかな。フワフワしているんじゃなくて、キッチリやっていきたい。

こ：さっき言っていた、居場所作り？

40 座ってる猫。ガチャガチャ。　41 光るキノコ。ガチャガチャ。　42 ボストンで買った青いハチの標本。　43 ソフトクリームのカタツムリ。ガチャガチャ。

44 小学生の頃、オーストラリアに行った時に買ってもらったオパールのかけら。　45 お花の定規。1センチ間隔で並んでる。　46 蛍石。緑がきれい。

47 琥珀。おじいちゃんがくれたっけ。　48 ヴィンテージショップで買った不思議な蝶の飾り。適当な感じがいい。

49 綿毛がレジンに閉じ込められてる。どうやって作るんだろう？

50 黒メダカがレジンに閉じ込められてる。生きてるみたい。

51 種や植物が入ってるレジン。骸骨の形をしてる。

52 カイカブリというガチャガチャ。とても気に入ってる。

53 おじいちゃんにもらった標本を、自分で箱に。
両側とも透明だから、後ろからも蝶の柄が見える。

54 ポートランドで買ったネズミの顔の標本。

55 ガチャガチャで出てきた、なにかの骨のかけらの化石。

トランドで買ったネズミの解剖図をニットで編んでるもの。繊細。

57 一輪挿し。とても小さい。

美：それは、楽しいかもしれない。

こ：アイドルのプロデュースとか？

美：それはできないと思う。みんなの人生の責任は負えないもん（笑）。みんなに幸せになってほしいとか思ってお小遣いあげまくって、結局自分のお金がなくなっちゃいそう（笑）。

こ：美月ちゃんは自分のことをよくわかっているのね（笑）。じゃあ、最後の質問。〝山本美月〟として変わらず大事にしていきたいことは？

美：嘘をつかないこと。あとは、適度に力を抜くことかな。放っておくとガーッとなって周りが見えなくなっちゃうから、100パーセントじゃなくて70パーセントくらいの力で取り組むように意識してる。たとえば、モデルをやっていた時も、最初の頃はいつも『CanCam』モデルの自分じゃないといけないと思っていたけど、人から「役として『CanCam』モデルを演じていればいいんじゃない？」と言われた時に、なるほどなって。〝なるようになる〟じゃなくて〝なるようにしかならない〟という言葉がずっと自分の中にあって、仕事をしていくうえで忘れずにいたいと思うことのひとつになっているよ。

あとがき

「あとがき」です。何を書きましょう。
とにもかくにも！ みなさま この本を手にとってくださり、ありがとうございます。
山本美月です。本を出しました。
写真集を出した次にこの本です。(笑)
完全に趣味本です。自己満！
私は魔法少女が大好きです。
小さい頃から変わらずに！おそらく、初めて出会った魔法少女は
"セーラームーン"でも、サリーちゃんも、
ミンキーモモも、みてた。再放送だったのかな？？
大人になってもプリキュア、まどマギ
etc. 大好き!!!
言いだしたらキリがない

と、まぁ、そんな大好きな気持ちが
今回形となりましたのが、この本です。
贅沢です。魔法少女にさせて
もらっちゃいました！
そして、何年ぶり？高校生以来…
久しぶりに漫画を描くとゆー!!
しかもカラー！大変だった!!!
楽しんでもらえてたら…うれしいです。
大丈夫だったかな…

全ての方にありがとう！

撮影レポ？てきなもの。

魔法少女みづきが出来るまで…

衣装、ステッキ、
作ってもらいました!!
衣装イメージ、ステッキのデザイン案
を自分で考えました

集まった素材たち

ピンクでキラキラでワクワクした♡

昔描いたこの絵が元になっているよ。

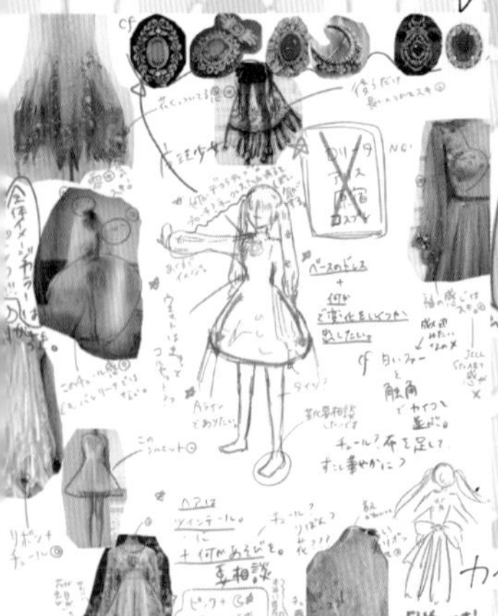

衣装のイメージをまとめたもの☆
これをあいざわさんに…

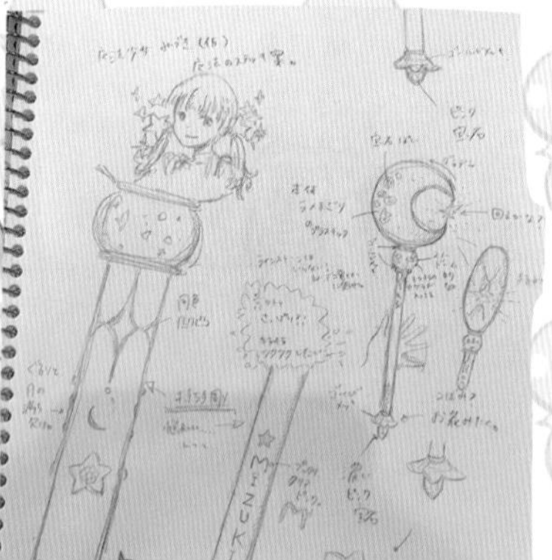

ステッキの設計図
ステッキ

カイコガメイク用の"ガ"たち!!

生まれてはじめて"ガ"を顔につけた。

ウィッグの毛でできてるの！すごい!!!

鱗粉メイクも…
素敵でした!!
ツインテールにはすごーくこだわりがあって、
見事に再現してもらえました！
毛先の絶妙な色も最高

試行錯誤…
みんなでチェック!!
森の奥で撮影……。
ロケ日は風がすごかった……
このカーブが大事なの。
美月的ツインテールには!
えらそ〜な顔!
このツインテが
なかなかに
重くって……
毛先の色がかわいい
自分で持てよ!
まったく!
ひらり ひらり
テグスでスカートひらり。あげわさんプロ。
うーん
わははは
モノ作りは大変だけど、楽しいね。
…と! こんな感じで、
撮影しました!
本当に神メンバーで撮れたので、
素敵魔法少女が出来ました
最初は、私 優柔不断のうえ、
頑固だし….
本当にこのハードスケジュールの中、ちゃんと完成するのか…
と不安が大きかったのですが…
何とか、時間はかかったけど出来上がりました! わー!
この経験をこれからの人生に役立てられたらいいな。
この本に関わった皆様、
そして今読んで下さっているあなたに! 感謝です!
美月より
スモークは素敵に写るが
息苦しくなるので、たまに
外の空気を…
これね!
小西さんすごすぎる!
センス

Art Direction & Editorial Design : Yutaka Kimura (Central67)

Comic "Mizuki Who Wants to Be a Magical Girl"
drawn by Mizuki Yamamoto

Illustrations
drawn by Mizuki Yamamoto

Photographs "Mizuki the Magical Girl"
Story by Mizuki Yamamoto
Photography : Hiroshi Manaka
Styling & Costume Design : Miki Aizawa (Lucky Star)
Hair & Makeup : Shinji Konishi (band)

Kotsume's Interview with Mizuki Yamamoto
Photography (Still Life) : Takeaki Emori (tonetwilight)
Text : Rika Suzuki
Hair & Makeup : Nozomi Fujimoto (cheek one)

Artist Production : INCENT Co., Ltd.

Supervisor : Tatsuki Ino (TAC Publishing)

Adviser : Hirokazu Nozaki (TAC Publishing)
Futoshi Kimizuka (TAC Publishing)

Editor : Shinjiro Fujita (TAC Publishing)

魔法少女山本美月《まほうしょうじょやまもとみづき》

2020年11月16日　初　版　第1刷発行

著　者　山本美月
発行者　多田敏男
発行所　TAC株式会社 出版事業部(TAC出版)
〒101-8383 東京都千代田区神田三崎町 3-2-18
電話　03(5276)9492(営業)
FAX　03(5276)9674
https://shuppan.tac-school.co.jp

印　刷　株式会社 光邦
製　本　株式会社 常川製本

落丁・乱丁本はお取替えいたします。

ISBN 978-4-8132-9496-2
N.D.C. 772.1